Impressum
Verlag: BABADADA GmbH, Nedderfeld 112 , 22529 Hamburg
Geschäftsführer / Verlagsleitung: Harald Hof
Druck: Books on Demand GmbH, In de Tarpen 42, 22848 Norderstedt

Imprint
Publisher: BABADADA GmbH, Nedderfeld 112 , 22529 Hamburg, Germany
Managing Director / Publishing direction: Harald Hof
Print: Books on Demand GmbH, In de Tarpen 42, 22848 Norderstedt, Germany

школа
skool

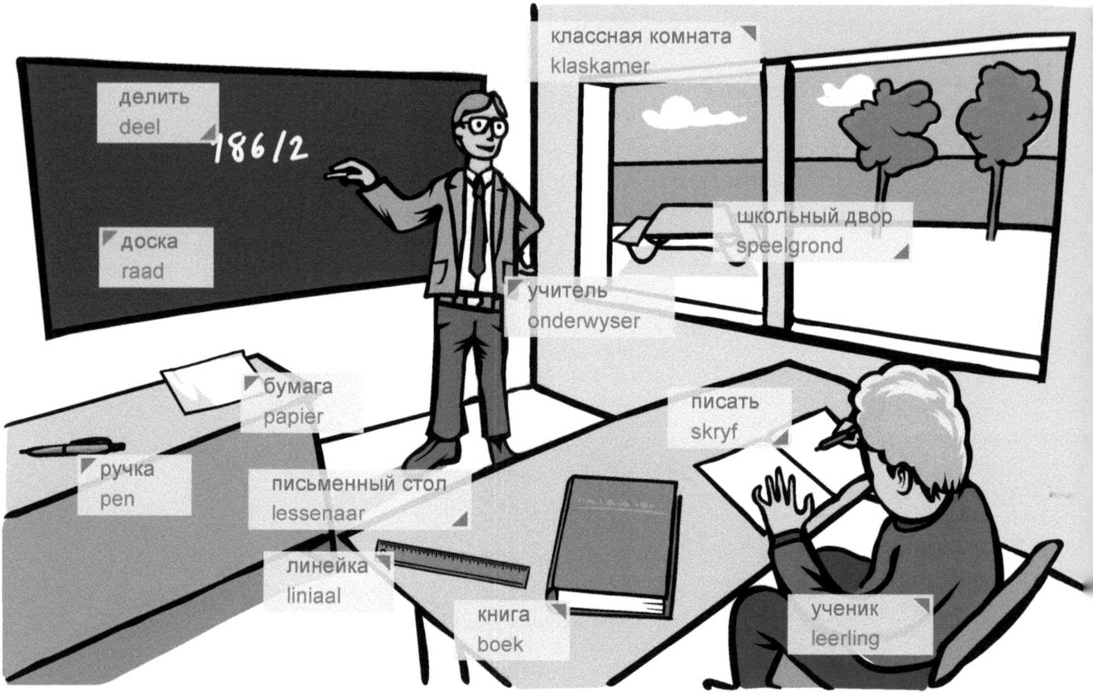
классная комната
klaskamer
делить
deel
186/2
доска
raad
школьный двор
speelgrond
учитель
onderwyser
бумага
papier
писать
skryf
ручка
pen
письменный стол
lessenaar
линейка
liniaal
книга
boek
ученик
leerling

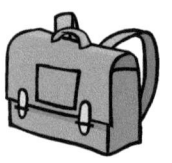

ранец

skooltas

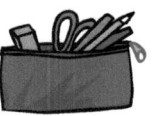

пенал

potloodhouer

карандаш

potlood

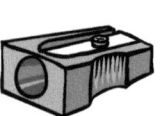

точилка

skerpmaker

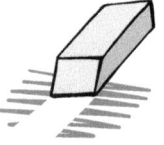

ластик

rubber

альбом для рисования

tekenblok

рисунок

tekening

кисточка

verfkwas

коробка красок

verfoppervlak

ножницы

skêr

клей

gom

тетрадь

oefenboek

домашняя работа

huiswerk

цифра

aantal

прибавлять

optel

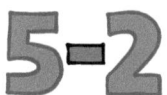

вычитать

aftrek

умножать

maal

считать

bereken

буква

brief

алфавит

alaphabet

слово

woord

текст

teks

читать

lees

мел

kryt

урок

les

классный журнал

registreer

экзамен

eksamen

диплом

sertifikaat

школьная форма

skooluniform

образование

onderwys

энциклопедия

ensiklopedie

университет

universiteit

микроскоп

mikroskoop

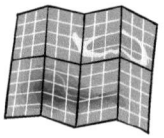

карта

kaart

корзина для бумаг

vullisdrom

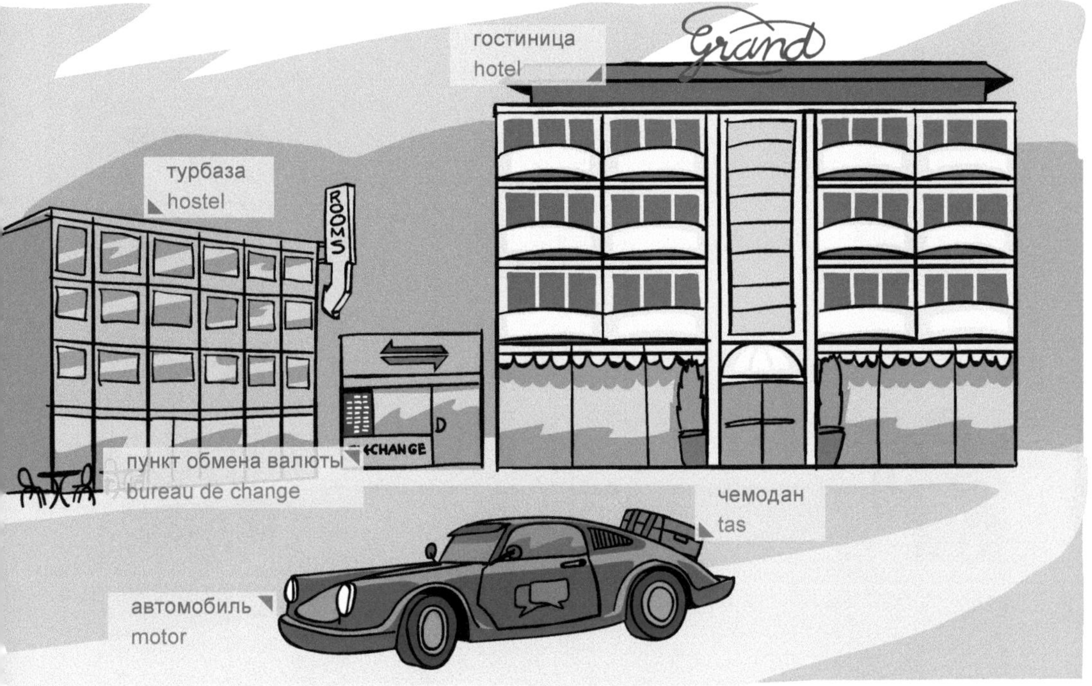

гостиница
hotel
Grand
турбаза
hostel
ROOMS
CHANGE
пункт обмена валюты
bureau de change
чемодан
tas
автомобиль
motor

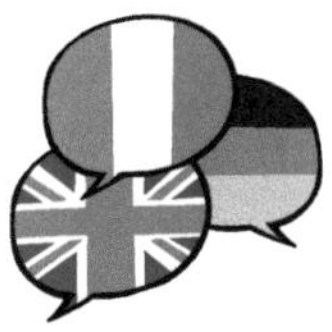

язык
taal

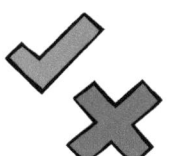

да / нет
ja / nee

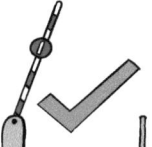

хорошо
Goed

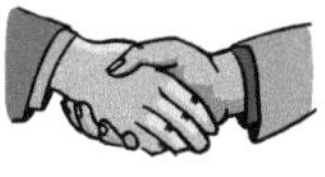

Привет
hallo

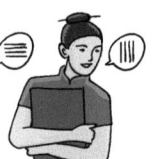

переводчик
vertaler

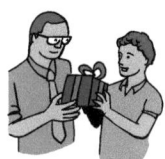

Спасибо
Dankie

Сколько стоит…?

hoeveel is…?

Я не понимаю

Ek verstaan nie

проблема

probleem

Добрый вечер!

Goeie naand!

Доброе утро!

Goeie môre!

Доброй ночи!

Goeie nag!

До свидания

totsiens

направление

rigting

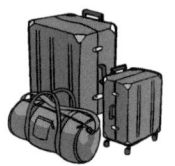

багаж

bagasie

сумка

sak

рюкзак

rugsak

гость

gas

комната

kamer

спальный мешок

slaapsak

палатка

tent

туристическая информация

toeriste-inligting

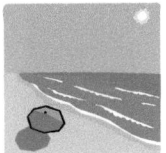

пляж

strand

кредитная карточка

kredietkaart

завтрак

ontbyt

обед

middagete

ужин

aandete

билет

kaartjie

лифт

hysbak

почтовая марка

posseël

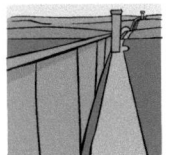

граница

grens

таможня

doeane

посольство

ambassade

виза

visum

паспорт

paspoort

транспорт

vervoer

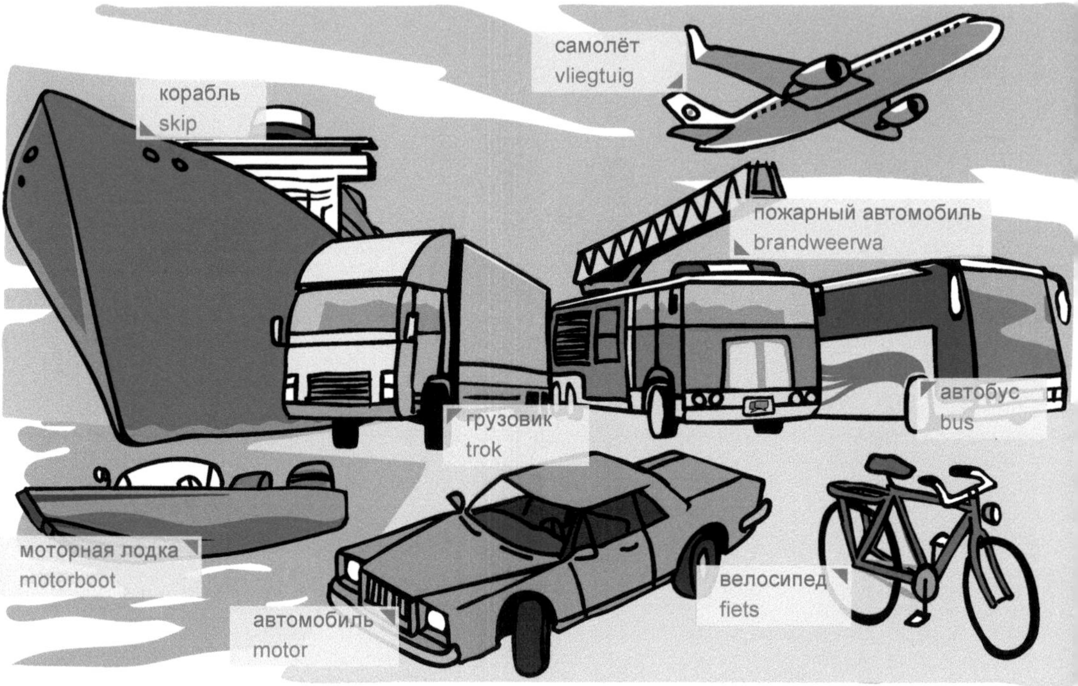

самолёт
vliegtuig
корабль
skip
пожарный автомобиль
brandweerwa
автобус
bus
грузовик
trok
моторная лодка
motorboot
велосипед
fiets
автомобиль
motor

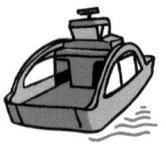

паром

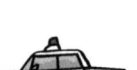

veerboot

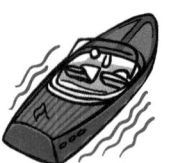

лодка

boot

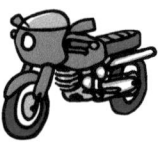

мотоцикл

motorfiets

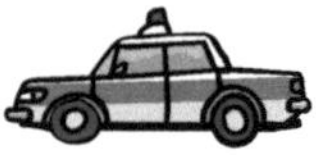

полицейский автомобиль

polisiemotor

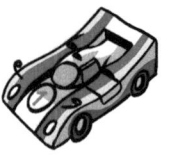

гоночный автомобиль

renmotor

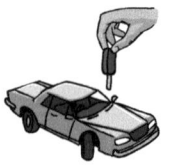

арендованный автомобиль

huurmotor

совместное пользование
автомобилями

car-sharing

буксировочный
автомобиль
insleepvoertuig

мусоровоз

vullisverwydering

двигатель

enjin

топливо

brandstof

заправка

vulstasie

дорожный знак

verkeersteken

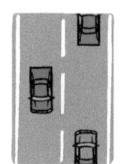

движение

verkeer

пробка

verkeersknoop

автостоянка

parkeerplek

вокзал

stasie

рельсы

spore

поезд

trein

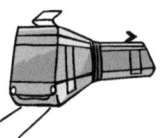

трамвай

tram

вагон

wa

вертолёт

helikopter

аэропорт

lughawe

вышка

toring

пассажир

passasier

контейнер

houer

коробка

karton

тележка

karretjie

корзина

mandjie

взлетать / приземляться

opstyg / land

город

stad

деревня

dorpie

центр города

middestad

дом

huis

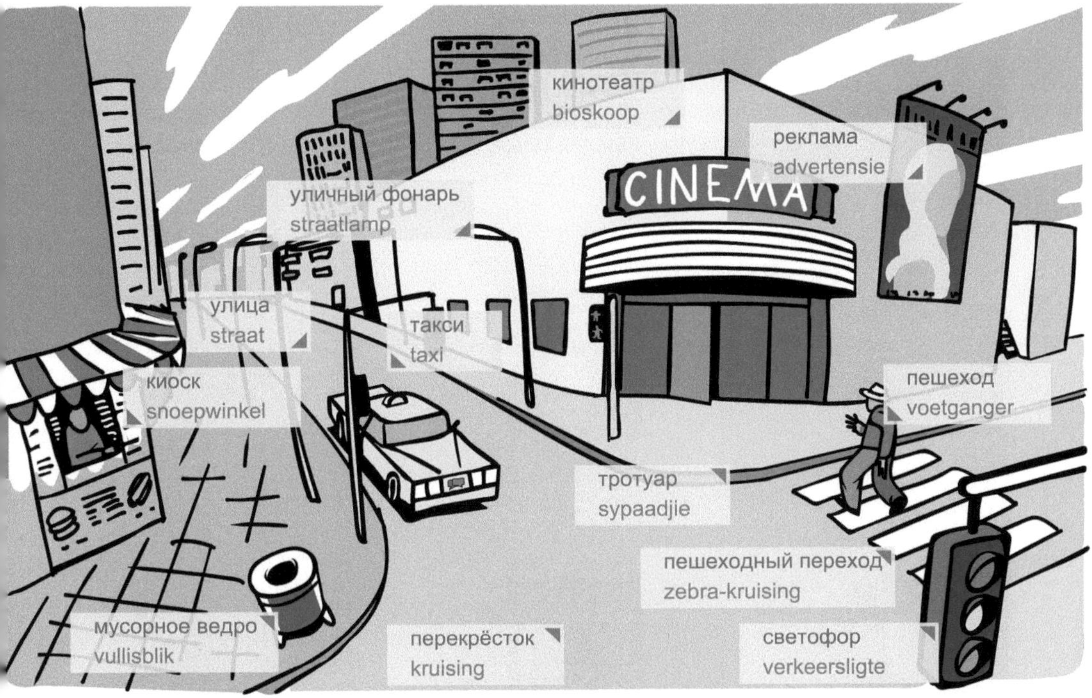

кинотеатр
bioskoop

реклама
advertensie

уличный фонарь
straatlamp

CINEMA

улица
straat

такси
taxi

пешеход
voetganger

киоск
snoepwinkel

тротуар
sypaadjie

пешеходный переход
zebra-kruising

мусорное ведро
vullisblik

перекрёсток
kruising

светофор
verkeersligte

хижина

hut

квартира

woonstel

вокзал

stasie

ратуша

stadsaal

музей

museum

школа

skool

университет

universiteit

банк

bank

больница

hospitaal

гостиница

hotel

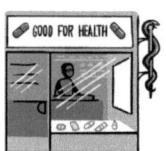

аптека

apteek

офис

kantoor

книжный магазин

boekwinkel

магазин

winkel

цветочный магазин

bloemis

супермаркет

supermark

рынок

mark

универмаг

handelshuis

торговец рыбой

viswinkel

торговый центр

inkopiesentrum

порт

hawe

парк

park

скамейка

bankie

мост

brug

лестница

trappe

метро

moltrein

тоннель

tonnel

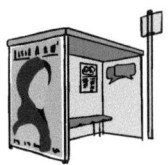

автобусная остановка

bushalte

бар

kroeg

ресторан

restaurant

почтовый ящик

posbus

табличка с названием
улицы

straatnaambord

паркометр

parkeermeter

зоопарк

dieretuin

бассейн

swembad

мечеть

moskee

ферма

plaas

загрязнение окружающей среды

besoedeling

кладбище

begraafplaas

церковь

kerk

детская площадка

speelgrond

храм

tempel

ландшафт

landskap

лист
blaar

дорожный указатель
padwyser

дорога
pad

луг
weiland

камень
klip

дерево
boom

путешественник
voetslaner

река
rivier

трава
gras

цветок
blom

долина

vallei

гора

heuwel

озеро

meer

лес

bos

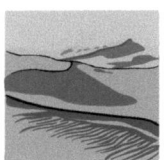

пустыня

woestyn

вулкан

vulkaan

замок

kasteel

радуга

reënboog

гриб

sampioen

пальма

palmboom

комар

muskiet

муха

vlieg

муравей

mier

пчела

by

паук

spinnekop

ландшафт - landskap

жук

miskruier

лягушка

padda

белка

eekhoring

еж

krimpvarkie

заяц

haas

сова

uil

птица

voël

лебедь

swaan

кабан

wildevark

олень

takbok

лось

elk

плотина

opgaardam

ветряной генератор

windturbine

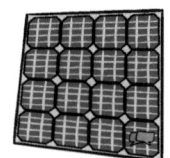

солнечная батарея

sonpaneel

климат

klimaat

ресторан
restaurant

официант
kelner
меню
menu
стул
stoel
суп
sop
пицца
pizza
скатерть
tafeldoek
столовые приборы
eetgerei

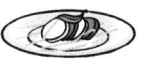

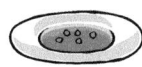

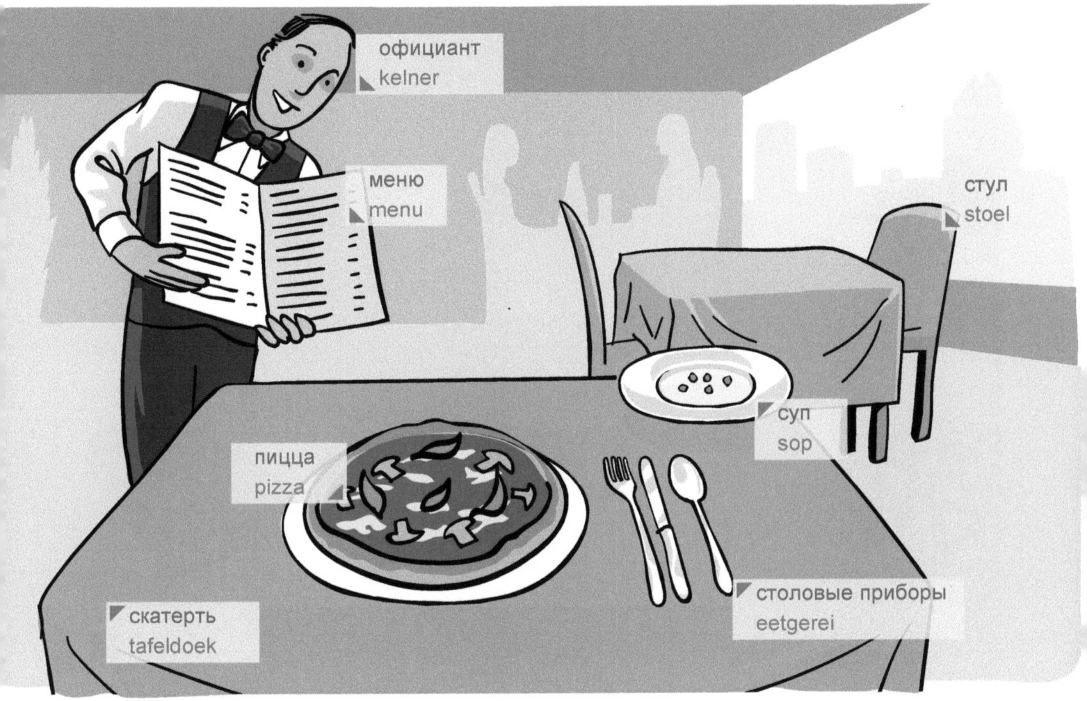

закуска
voorgereg

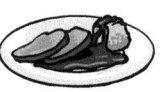

главное блюдо
hoofgereg

десерт
nagereg

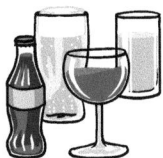

напитки
drankies

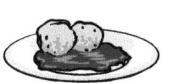

еда
kos

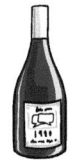

бутылка
bottel

фастфуд

kitskos

уличная еда

straatkos

чайник

teepot

сахарница

suikerverpakking

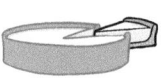

порция

porsie

кофеварка

espresso masjien

детский стульчик

hoë stoel

счет

rekening

поднос

skinkbord

нож

mes

вилка

vurk

ложка

lepel

чайная ложка

teelepel

салфетка

servet

стакан

glas

ресторан - restaurant

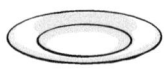

тарелка

gereg

суповая тарелка

sopbakkie

блюдце

piering

соус

sous

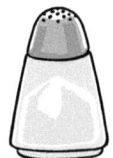

солонка

soutpot

мельница для перца

pepermeul

уксус

asyn

масло

olie

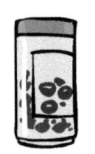

специи

speserye

кетчуп

tamatiesous

горчица

mosterd

майонез

mayonaise

супермаркет

supermark

специальное предложение
spesiale aanbieding
FOR
покупатель
kliënt
молочные продукты
suiwelprodukte
фрукты
vrugte
тележка для покупок
trollie

BUTCHERS

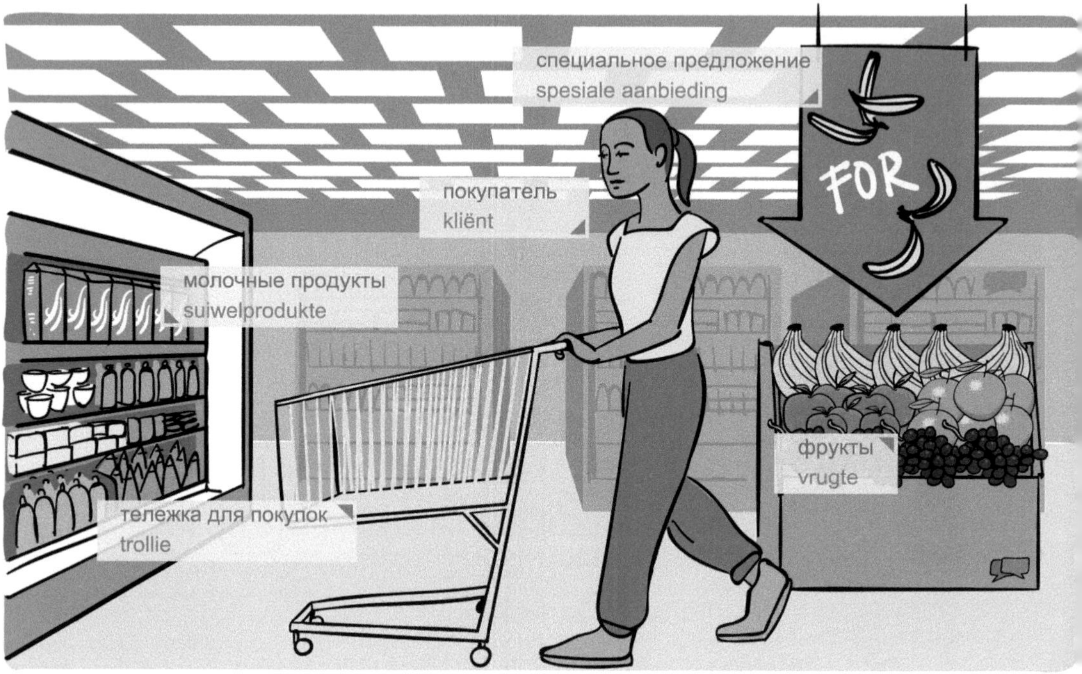

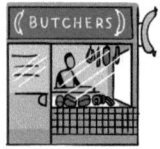

мясной магазин

slaghuis

BAKERY

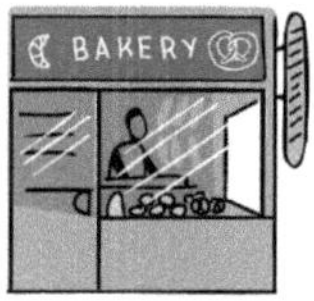

пекарня

bakkery

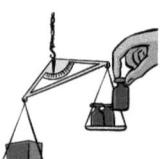

взвешивать

weeg

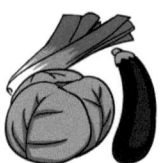

овощи

groente

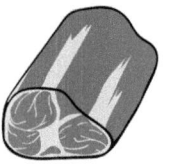

мясо

vleis

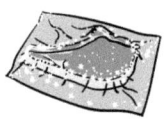

быстрозамороженные продукты

bevrore voedsel

нарезка

kouevleis

консервы

blikkieskos

стиральный порошок

waspoeier

сладости

lekkers

предмет домашнего обихода

huishoudelike produkte

моющее средство

skoonmaakprodukte

продавщица

verkoopsvrou

касса

kasregister

кассир

kassier

список покупок

inkopielys

время работы

besigheidsure

бумажник

beursie

кредитная карточка

kredietkaart

сумка

sak

полиэтиленовый пакет

plastieksak

вода

water

сок

sap

молоко

melk

кока-кола

coke

вино

wyn

пиво

bier

алкоголь

alkohol

какао

kakao

чай

tee

кофе

koffie

эспрессо

espresso

капучино

cappuccino

банан

piesang

яблоко

appel

апельсин

lemoen

арбуз

waatlemoen

лимон

suurlemoen

морковь

wortel

чеснок

knoffel

бамбук

bamboes

лук

ui

гриб

sampioen

орехи

neute

лапша

noedels

спагетти

spaghetti

рис

rys

салат

slaai

картофель фри

aartappelskyfies

жареный картофель

gebraaide aartappels

пицца

pizza

гамбургер

hamburger

сэндвич

toebroodjie

шницель

kotelet

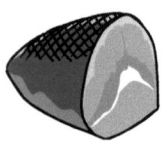

ветчина

ham

салями

salami

колбаса

wors

курица

hoender

жаркое

braaivleis

рыба

vis

овсяные хлопья

hawermoutflokkies

мюсли

muesli

кукурузные хлопья

graanvlokkies

мука

meel

круассан

croissant

булочка

broodrolletjie

хлеб

brood

тост

roosterbrood

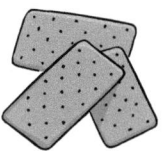

печенье

koekies

масло

botter

творог

dikmelk

пирог

koek

яйцо

eier

яичница

gebraaide eier

сыр

kaas

мороженое

roomys

сахар

suiker

мёд

heuning

мармелад

konfyt

крем с нугой

nougat-smeer

карри

kerrie

ферма

plaas

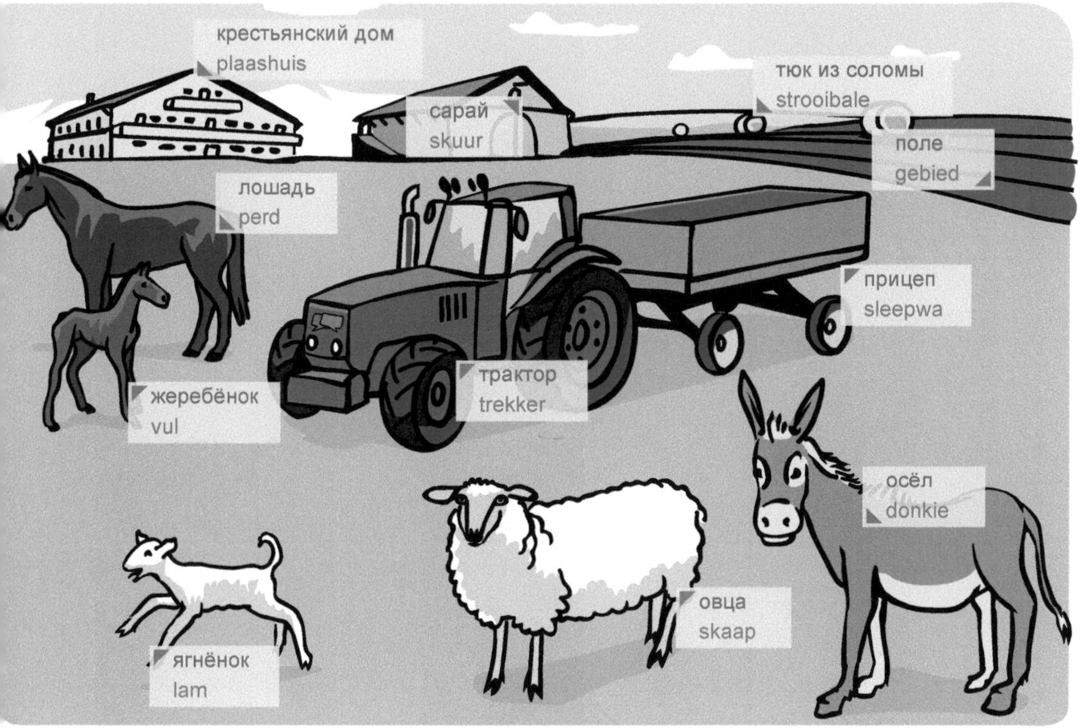

крестьянский дом
plaashuis
тюк из соломы
strooibale
сарай
skuur
поле
gebied
лошадь
perd
прицеп
sleepwa
трактор
trekker
жеребёнок
vul
осёл
donkie
овца
skaap
ягнёнок
lam

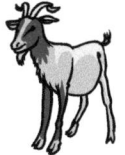

коза

bok

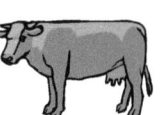

корова

koei

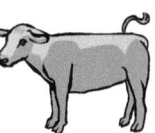

телёнок

kalf

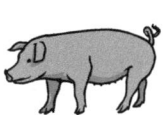

свинья

vark

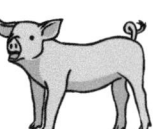

поросёнок

varkie

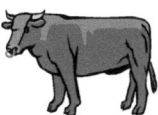

бык

bul

гусь

gans

утка

eend

цыплёнок

kuiken

курица

hen

петух

haan

крыса

rot

кошка

kat

мышь

muis

вол

os

собака

hond

конура

hondehok

садовый шланг

tuinslang

лейка

gieter

коса

sens

плуг

ploeg

серп

sekel

мотыга

skoffel

навозные вилы

gaffel

топор

byl

тачка

kruiwa

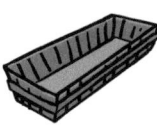

корыто

trog

бидон для молока

melkkan

мешок

sak

забор

heining

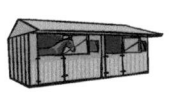

хлев

stal

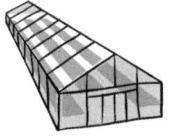

теплица

kweekhuis

почва

grond

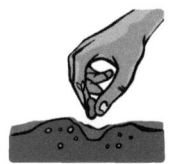

посев

saad

удобрение

kunsmis

комбайн

stroper

собирать урожай

oes

урожай

oes

ямс

yam

пшеница

koring

соя

soja

картофель

aartappel

кукуруза

koring

рапс

raapsaad

фруктовое дерево

vrugteboom

маниок

broodwortel

злаки

graan

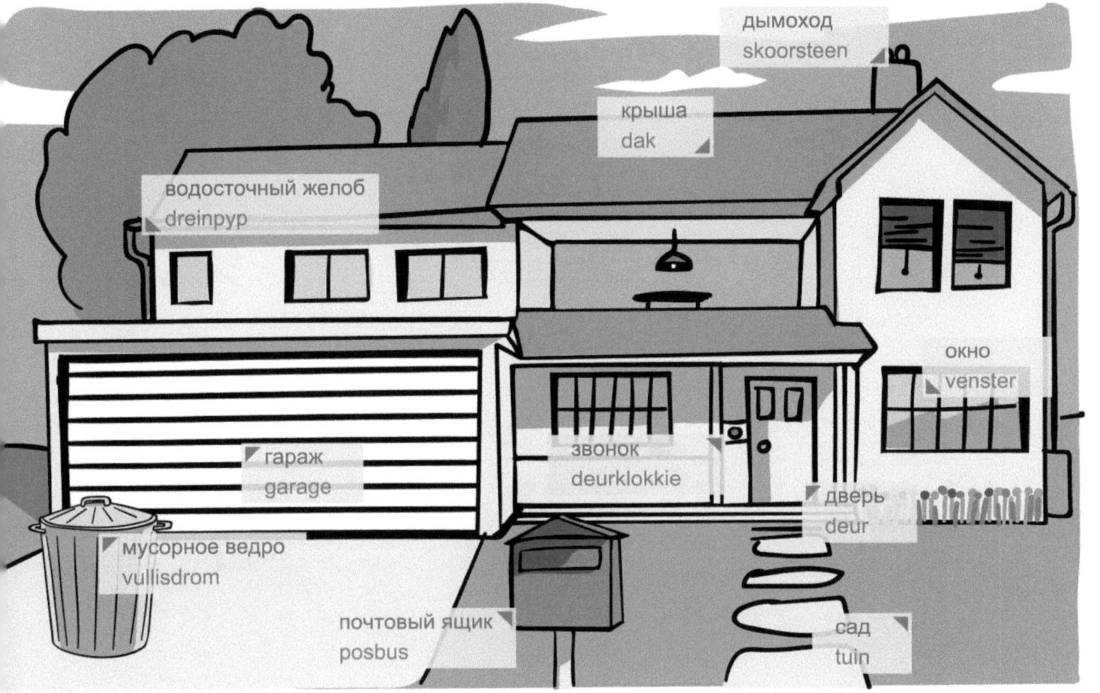

дымоход
skoorsteen

крыша
dak

водосточный желоб
dreinpyp

окно
venster

гараж
garage

звонок
deurklokkie

дверь
deur

мусорное ведро
vullisdrom

почтовый ящик
posbus

сад
tuin

гостиная

woonkamer

ванная комната

badkamer

кухня

kombuis

спальня

slaapkamer

детская комната

kinderkamer

столовая

eetkamer

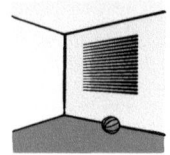

пол

vloer

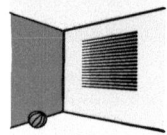

стена

muur

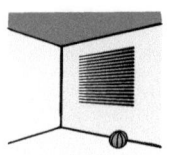

потолок

plafon

подвал

kelder

сауна

sauna

балкон

balkon

терраса

terras

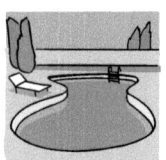

бассейн

swembad

газонокосилка

grassnyer

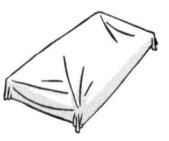

пододеяльник

beddegoedoortreksel

покрывало

deken

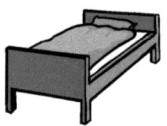

кровать

bed

метла

besem

ведро

emmer

выключатель

skakelaar

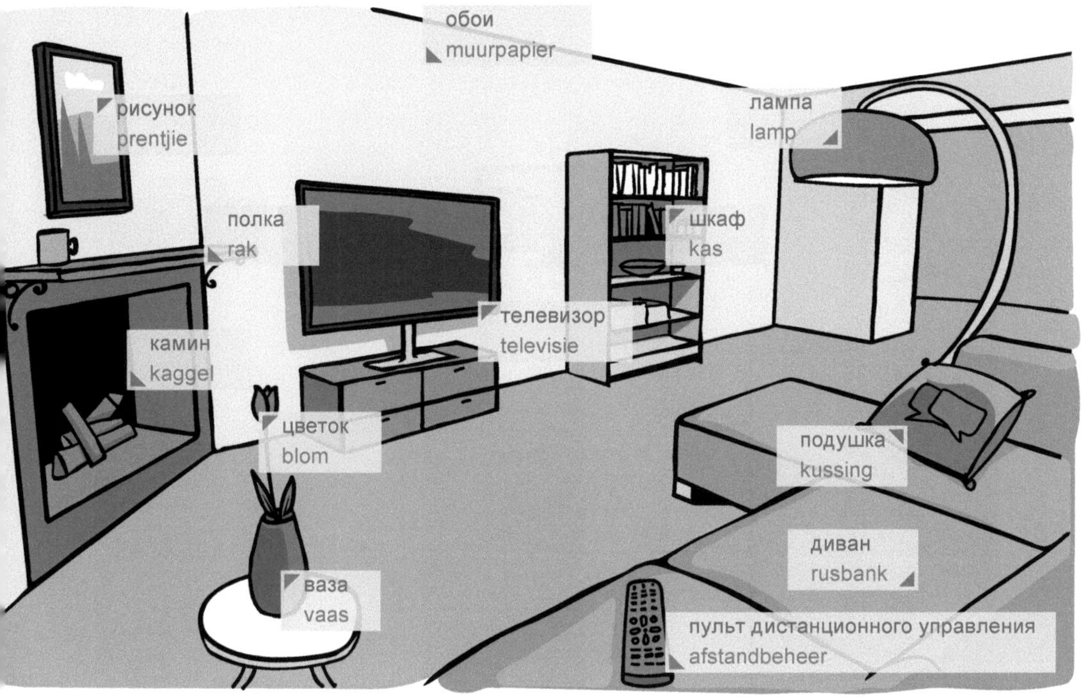

обои
muurpapier

рисунок
prentjie

лампа
lamp

полка
rak

шкаф
kas

камин
kaggel

телевизор
televisie

цветок
blom

подушка
kussing

диван
rusbank

ваза
vaas

пульт дистанционного управления
afstandbeheer

ковёр
mat

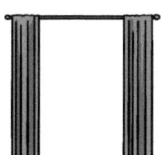

штора
gordyn

стол
tafel

стул
stoel

кресло-качалка
wiegstoel

кресло
leunstoel

книга

boek

покрывало

kombers

украшение

versiering

дрова

vuurmaakhout

фильм

film

стереосистема

hoëtroustel

ключ

sleutel

газета

koerant

картина

skildery

плакат

plakkaat

радио

radio

блокнот

notaboekie

пылесос

stofsuier

кактус

kaktus

свеча

kers

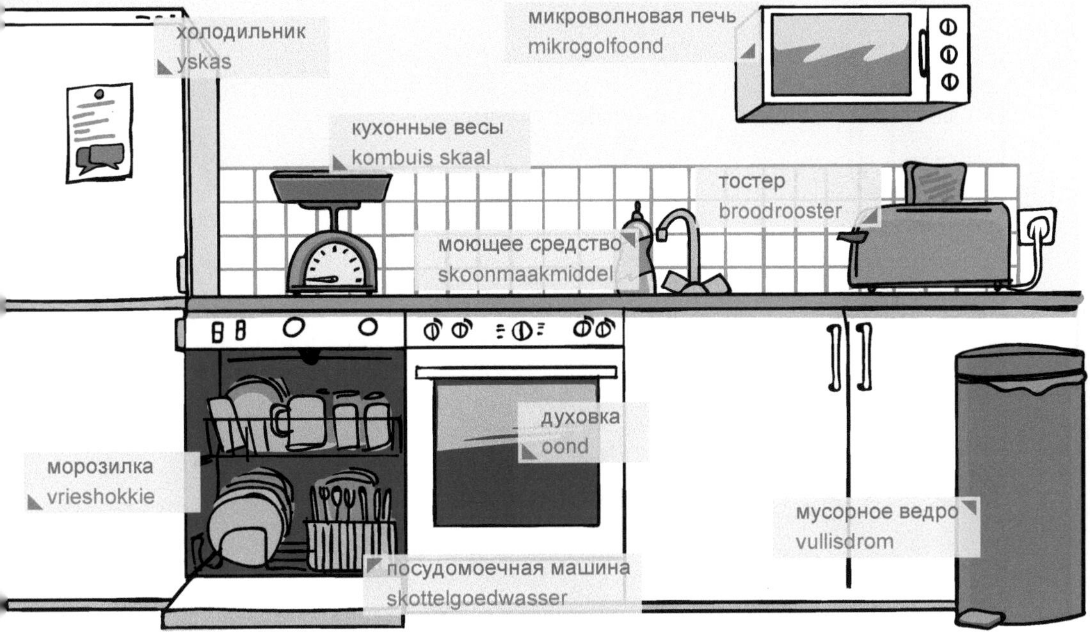

холодильник
yskas

микроволновая печь
mikrogolfoond

кухонные весы
kombuis skaal

тостер
broodrooster

моющее средство
skoonmaakmiddel

духовка
oond

морозилка
vrieshokkie

мусорное ведро
vullisdrom

посудомоечная машина
skottelgoedwasser

плита

drukkoker

кастрюля

pot

чугунный котелок

ysterpot

вок / кадай

wok / kadai

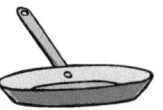

сковорода

pan

чайник

ketel

пароварка

stoomkoker

противень

bakplaat

посуда

breekware

кружка

beker

миска

bak

палочки для еды

eetstokkie

половник

skeplepel

лопатка

spatel

сбивалка

klitser

сито

sif

сито

sif

тёрка

rasper

ступка

vysel

гриль

braai

костёр

oop vuur

доска

broodplank

скалка

koekroller

штопор

kurktrekker

жестяная банка

kan

консервный нож

blikoopmaker

прихватка

vatlap

раковина

opwasbak

щетка

borsel

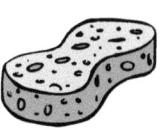

губка

spons

миксер

menger

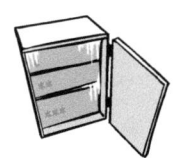

морозильная камера

vrieskas

бутылочка для кормления

bababottel

кран

kraan

ванная комната
badkamer

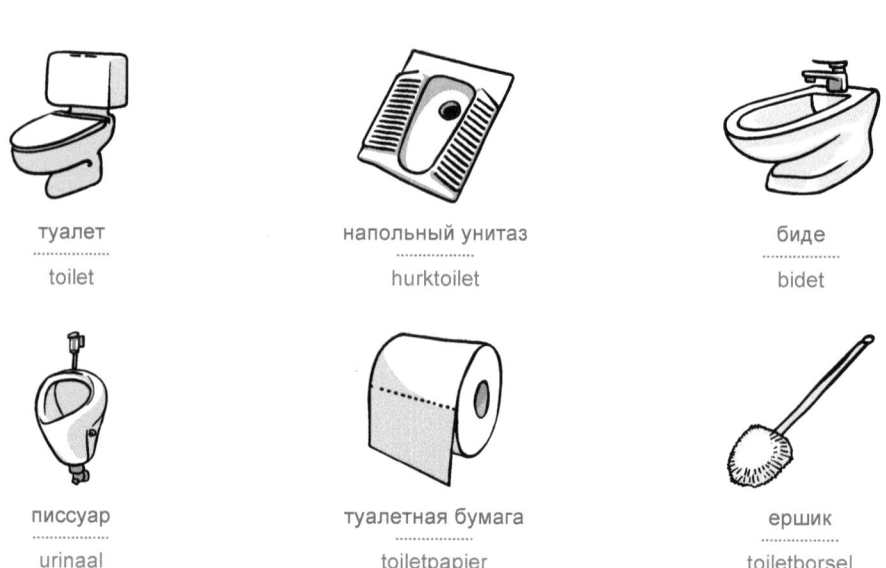

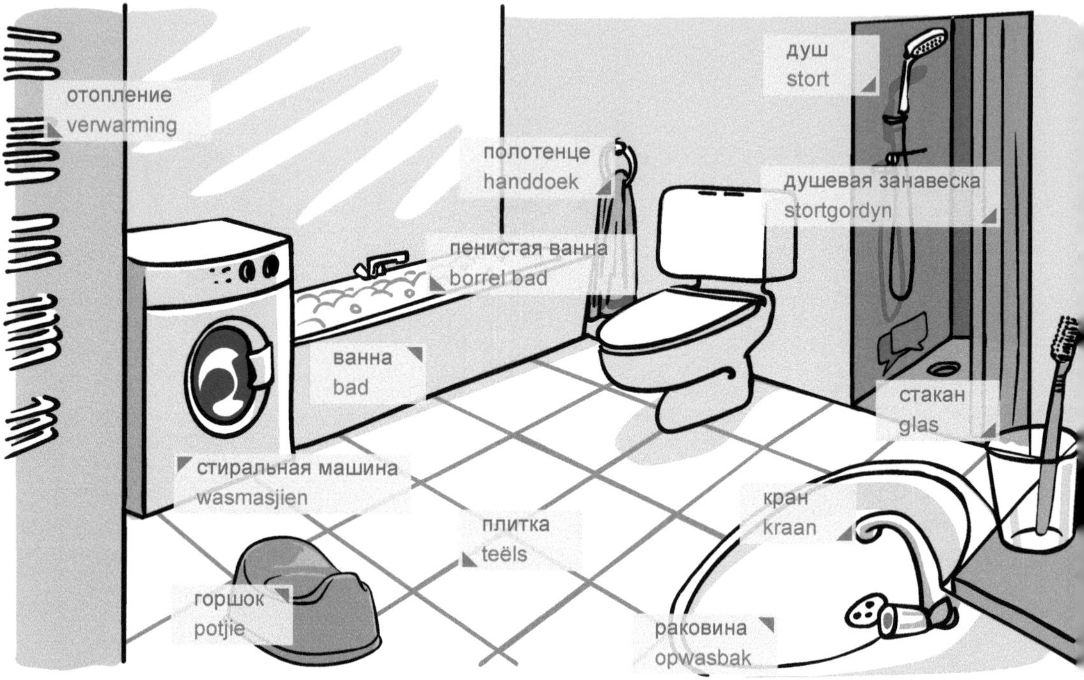

отопление
verwarming
полотенце
handdoek
душ
stort
душевая занавеска
stortgordyn
пенистая ванна
borrel bad
ванна
bad
стакан
glas
стиральная машина
wasmasjien
кран
kraan
плитка
teëls
горшок
potjie
раковина
opwasbak

туалет

toilet

напольный унитаз

hurktoilet

биде

bidet

писсуар

urinaal

туалетная бумага

toiletpapier

ершик

toiletborsel

зубная щетка

tandeborsel

зубная паста

tandepasta

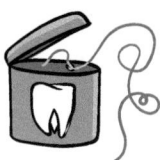

зубная нить

tande vlos

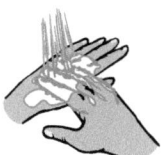

мыть

was

ручной душ

handstort

интимный душ

stort

таз

wasbak

щетка для спины

rugkantborsel

мыло

seep

гель для душа

stortgel

шампунь

sjampoe

мочалка

flanel

сток

drein

крем

room

дезодорант

reukweerder

зеркало

spieël

ручное зеркало

spieëltjie

бритва

skeermes

пена для бритья

skeerroom

лосьон после бритья

naskeermiddel

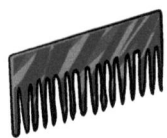

расческа

kam

щетка

borsel

фен

haardroër

лак для волос

haarsproei

косметика

grimmering

губная помада

lipstifie

лак для ногтей

naellak

вата

watte

маникюрные ножницы

naelknipper

духи

parfuum

косметичка

toiletsakkie

табуретка

stoel

весы

skaal

халат

badjas

резиновые перчатки

rubberhandskoene

тампон

tampon

гигиеническая прокладка

sanitêre handdoek

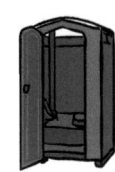

биотуалет

chemiese toilet

детская комната

kinderkamer

будильник
wekker
мягкая игрушка
snoesige speelding
игрушечный автомобиль
speelgoedkarretjie
погремушка
ratel
кукольный домик
pophuis
подарок
geskenk

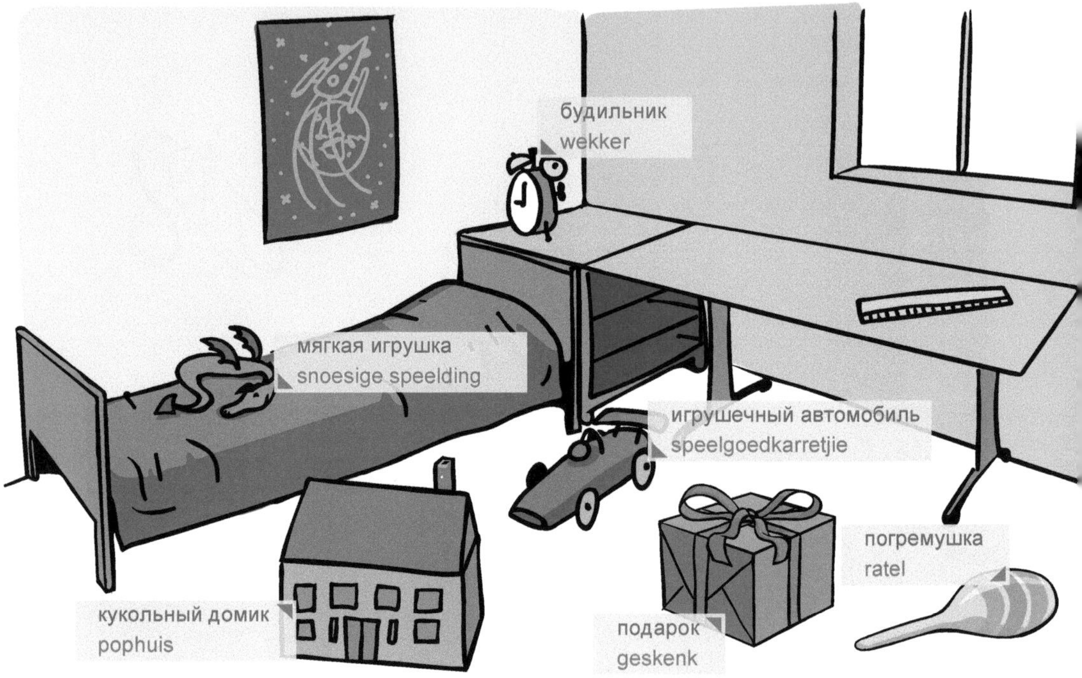

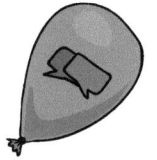

воздушный шар

ballon

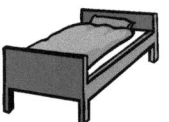

кровать

bed

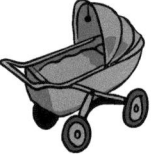

детская коляска

stootwaentjie

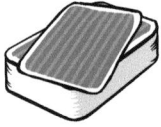

карточная игра

kaartespel

пазл

legkaart

SUPER
MEGA

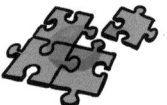

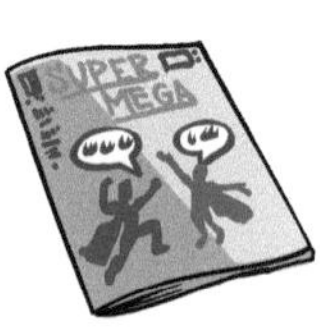

комикс

tekenprent

кирпичики Лего

lego-blokkies

кубики

speelgoedblokke

игрушечная фигурка

animasieheld

ползунки

groeipakkie

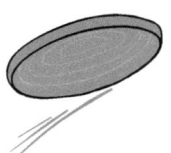

фрисби

frisbee

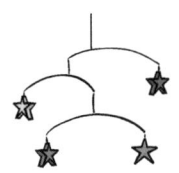

мобиле

mobile

настольная игра

bordspeletjie

кубик

dobbelsteen

модель железной дороги

model trein stel

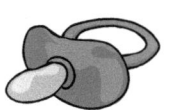

соска

fopspeen

вечеринка

partytjie

книга с картинками

prenteboek

мяч

bal

кукла

pop

играть

speel

детская комната - kinderkamer

песочница

sandput

качели

swaai

игрушка

speelgoed

игровая приставка

videospeletjie-konsole

трёхколесный велосипед

driewiel

плюшевый медвежонок

teddiebeer

шкаф для одежды

klerekas

одежда

klere

носки

sokkies

чулки

kouse

колготки

broekiekouse

шарф
serp

зонтик
sambreel

футболка
t-hemp

ремень
belt

сапоги
skoene

тапки
pantoffels

кроссовки
tekkies

сандалии
....
sandale

ботинки
....
skoene

резиновые сапоги
....
rubber stewels

трусы
....
onderbroek

бюстгальтер
....
bra

майка
....
onderbaadjie

боди

liggaam

брюки

broek

джинсы

jeans

юбка

romp

блузка

bloes

рубашка

hemp

свитер

oortrektrui

свитер

oortrektrui

спортивная куртка

baadjie

жакет

baadjie

пальто

jas

плащ

reënjas

костюм

kostuum

платье

rok

свадебное платье

trourok

мужской костюм

pak

ночная сорочка

nagrok

пижама

pajamas

сари

sari

платок

kopdoek

тюрбан

tulband

паранджа

burqa

кафтан

kaftan

абайя

abaya

купальник

swembroek

плавки

swembroek

шорты

kortbroek

спортивный костюм

sweetpak

фартук

voorskoot

перчатки

handskoene

пуговица

knoppie

очки

bril

браслет

armband

цепочка

halssnoer

кольцо

ring

серьга

oorbel

шапка

pet

вешалка

klerehanger

шляпа

hoed

галстук

das

застежка молния

rits

шлем

helmet

подтяжки

draadjies

школьная форма

skooluniform

форма

uniform

детский нагрудник
....
bib

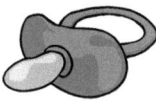

соска
....
fopspeen

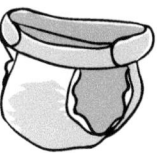

подгузник
....
doek

офис
kantoor

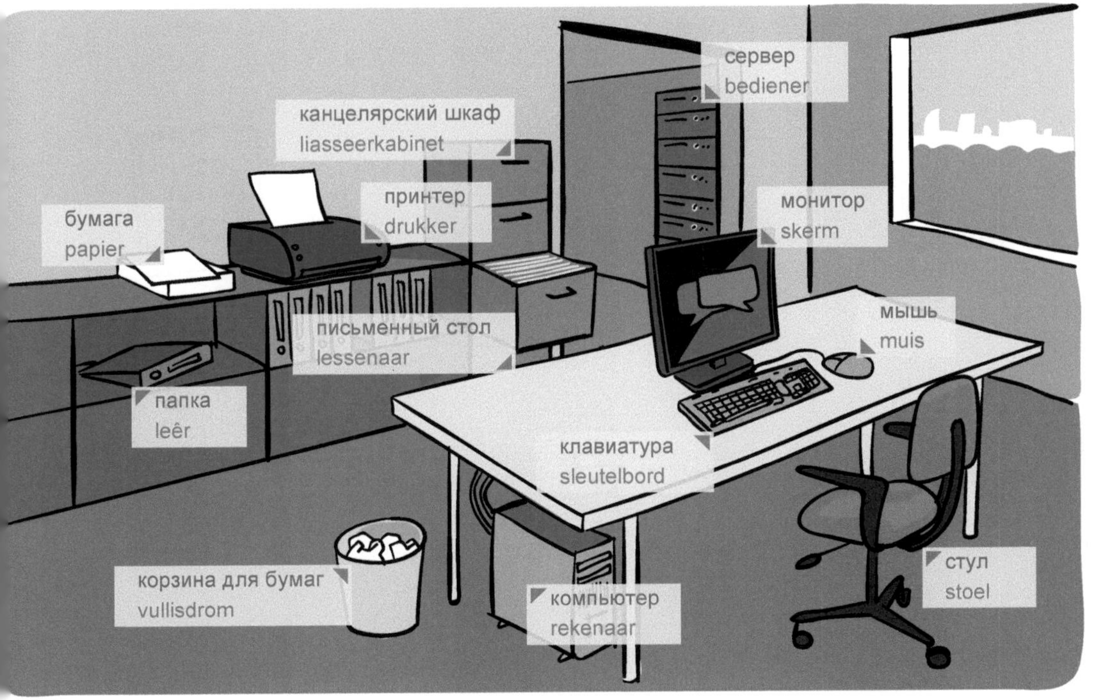

сервер
bediener

канцелярский шкаф
liasseerkabinet

принтер
drukker

монитор
skerm

бумага
papier

мышь
muis

письменный стол
lessenaar

папка
leêr

клавиатура
sleutelbord

стул
stoel

корзина для бумаг
vullisdrom

компьютер
rekenaar

кофейная кружка
....
koffiebeker

калькулятор
....
sakrekenaar

интернет
....
internet

ноутбук

skootrekenaar

письмо

brief

сообщение

boodskap

мобильный телефон

selfoon

сеть

netwerk

ксерокс

fotostaatmasjien

программа

sagteware

телефон

telefoon

розетка

muurprop

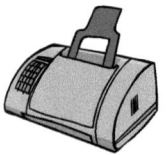

факс

faksmasjien

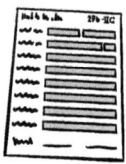

формуляр

vorm

документ

dokument

покупать

koop

платить

betaal

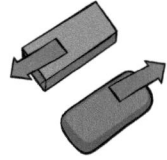

торговать

besigheid doen

деньги

geld

 USD

доллар

dollar

EUR

евро

euro

JPY

иена

yen

RUB

рубль

roebel

CHF

франк

switserse frank

CNY

жэньминьби юань

renminbi yuan

INR

рупия

rupee

банкомат

kontantteller (ATM)

пункт обмена валюты

bureau de change

золото

goud

серебро

silwer

нефть

olie

энергия

energie

цена

prys

договор

kontrak

налог

belasting

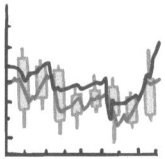

акция

aandele

работать

werk

служащий

werknemer

работодатель

werkgewer

фабрика

fabriek

магазин

winkel

профессии
beroepe

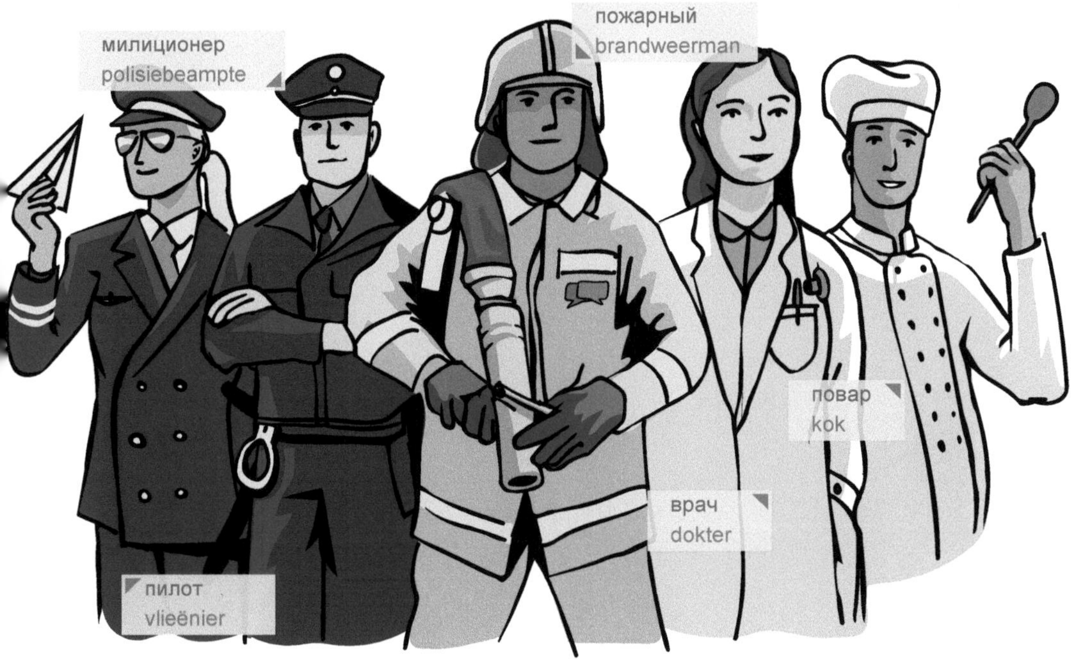
пожарный
brandweerman
милиционер
polisiebeampte
повар
kok
врач
dokter
пилот
vlieënier

садовник

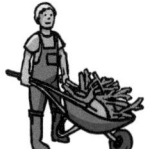

tuinier

столяр

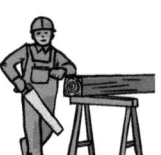

timmerman

швея

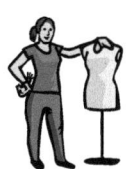

naaldwerkster

судья

regter

химик

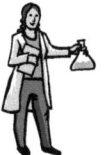

chemikus

актёр

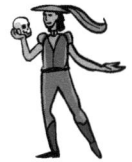

akteur

водитель автобуса

busbestuurder

таксист

taxibestuurder

рыбак

visserman

уборщица

skoonmaakvrou

кровельщик

dakwerker

официант

kelner

охотник

jagter

художник

skilder

пекарь

bakker

электрик

elektrisiën

строитель

bouer

инженер

ingenieur

мясник

slagter

сантехник

loodgieter

почтальон

posman

солдат

soldaat

архитектор

argitek

кассир

kassier

флорист

bloemiste

парикмахер

haarkapper

кондуктор

kondukteur

механик

werktuigkundige

капитан

kaptein

зубной врач

tandarts

ученый

wetenskaplike

раввин

rabbi

имам

imam

монах

monnik

священник

predikant

инструменты
gereedskap

молоток
hammer
плоскогубцы
tang
отвёртка
skroewedraaier
гаечный ключ
moersleutel
карманный фон
flitslig

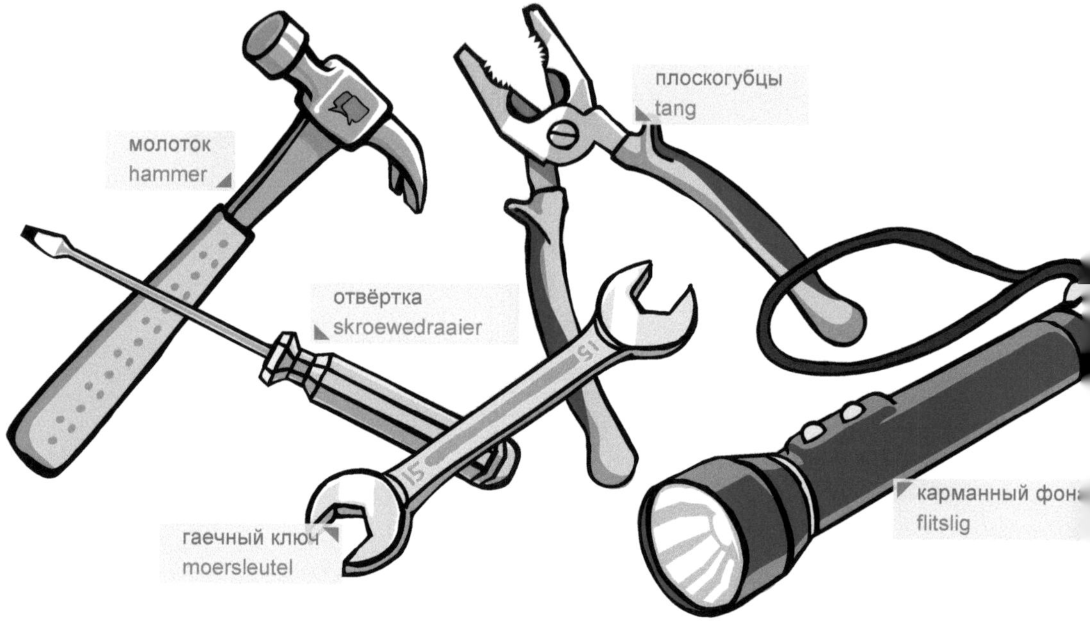

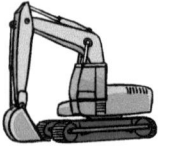

экскаватор

graaftoestel

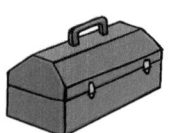

ящик для инструментов

gereedskapskis

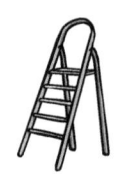

стремянка

leer

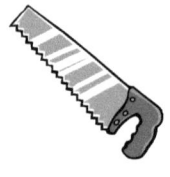

пила

saag

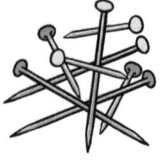

гвозди

naels

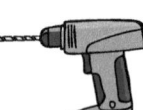

дрель

boor

ремонтировать

regmaak

лопата

graaf

Блин!

verdomp!

совок

skoppie

ведро с краской

verfpot

винты

skroewe

музыкальные инструменты
musiekinstrumente

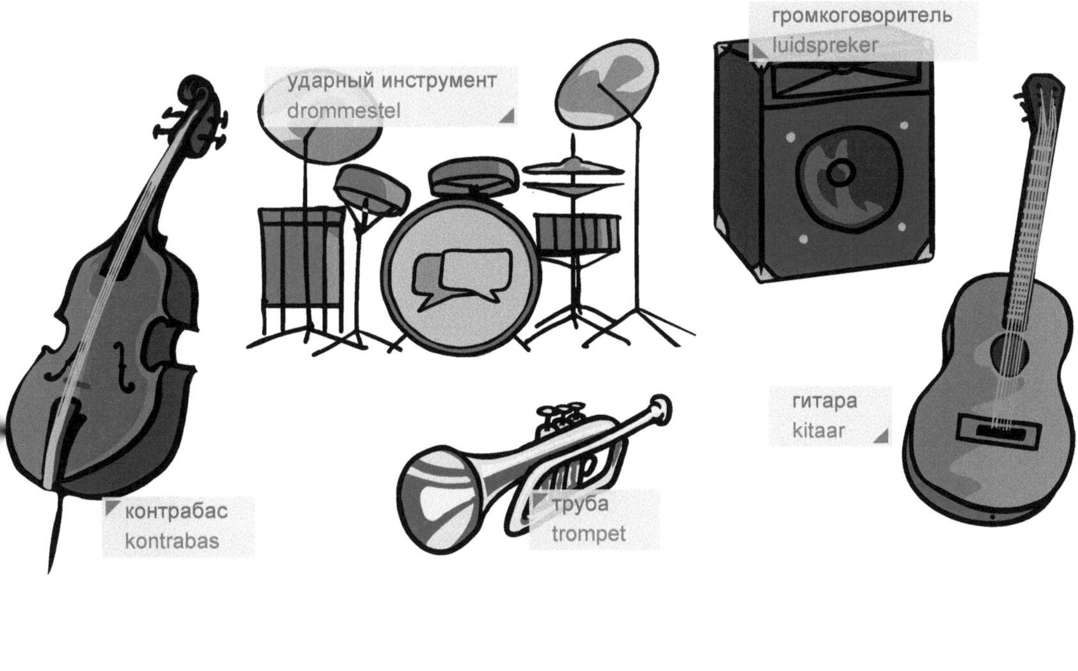

громкоговоритель
luidspreker

ударный инструмент
drommestel

гитара
kitaar

контрабас
kontrabas

труба
trompet

пианино

klavier

скрипка

viool

бас-гитара

bas

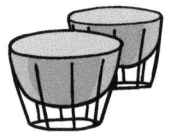

литавры

keteltrom

барабан

dromme

синтезатор

sleutelbord

саксофон

saksofoon

флейта

fluit

микрофон

mikrofoon

зоопарк
dieretuin

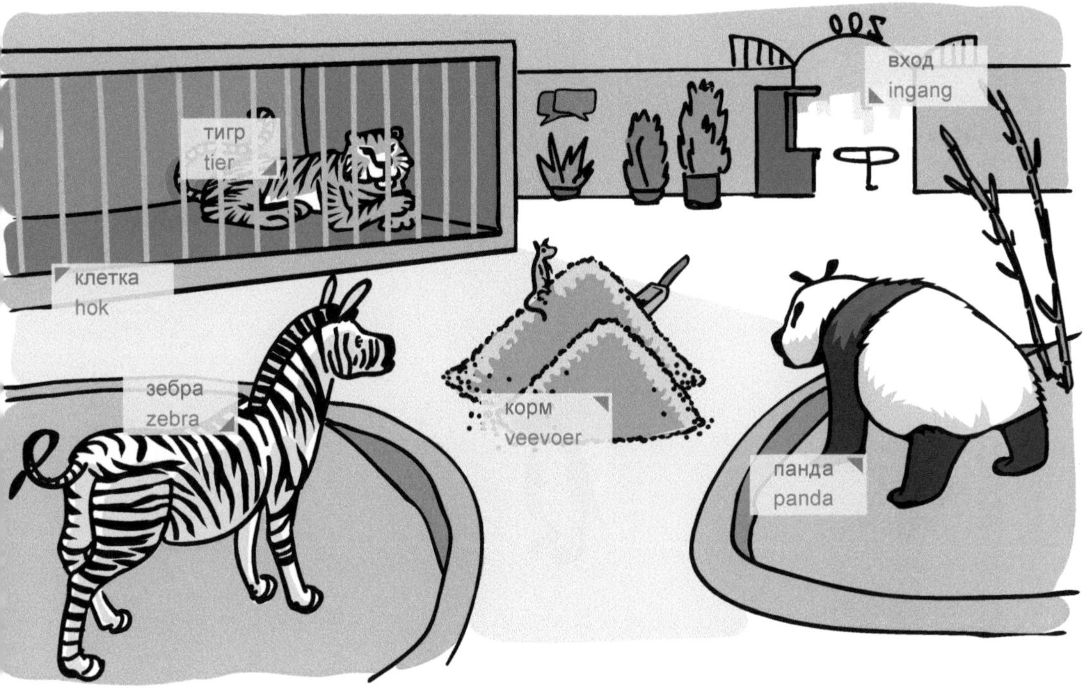
тигр
tier
клетка
hok
зебра
zebra
корм
veevoer
вход
ingang
панда
panda

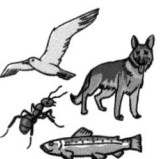

животные
diere

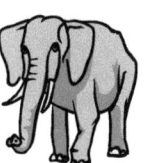

слон
olifant

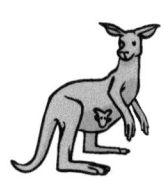

кенгуру
kangaroo

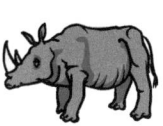

носорог
renoster

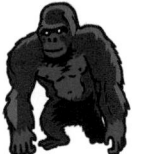

горилла
gorilla

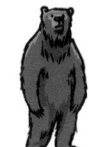

медведь
beer

верблюд

kameel

страус

volstruis

лев

leeu

обезьяна

aap

фламинго

flamink

попугай

papegaai

белый медведь

ysbeer

пингвин

pikkewyn

акула

haai

павлин

pou

змея

slang

крокодил

krokodil

служитель зоопарка

dieretuinopsigter

тюлень

rob

ягуар

jaguar

пони

ponie

леопард

luiperd

бегемот

seekoei

жираф

kameelperd

орёл

arend

кабан

wildevark

рыба

vis

черепаха

skilpad

морж

walrus

лиса

jakkals

газель

gemsbok

американский футбол
Amerikaanse Voetbal

езда на велосипеде
fietsry

теннис
tennis

баскетбол
basketbal

плавание
swem

бокс
boks

хоккей
ys-hokkie

футбол
sokker

бадминтон
pluimbal

лёгкая атлетика
atletiek

гандбол
handbal

лыжный спорт
ski

поло
polo

действия
aktiwiteite

смеяться
lag
прыгать
spring
обнимать
drukkie
идти
loop
петь
sing
мечтать
droom
молиться
bid
целовать
soen

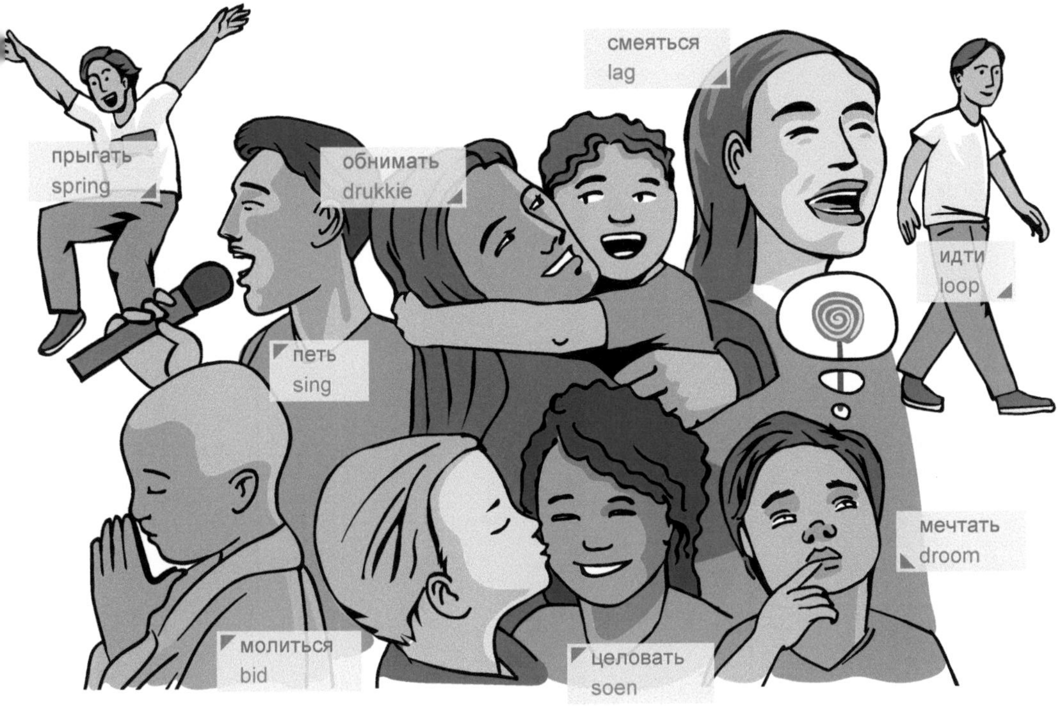

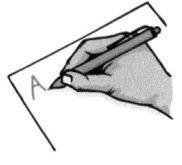

писать
skryf

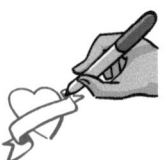

рисовать
teken

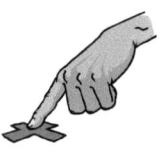

показывать
show

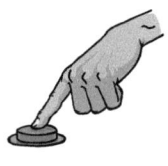

нажимать
druk

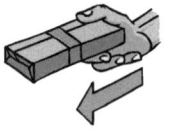

давать
gee

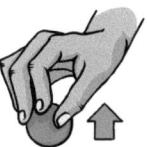

брать
neem

иметь
het

делать
doen

быть
wees

стоять
staan

бежать
hardloop

тянуть
trek

бросать
gooi

падать
val

лежать
jok

ждать
wag

носить
dra

сидеть
sit

надевать
aantrek

спать
slaap

просыпаться
wakker word

рассматривать

kyk na

плакать

huil

гладить

streel

причесывать

kam

говорить

praat

понимать

verstaan

спрашивать

vra

слушать

luister

пить

drink

кушать

eet

наводить порядок

opruim

любить

liefhê

готовить

kook

ехать

ry

летать

vlieg

действия - aktiwiteite

ходить под парусом

seil

считать

bereken

читать

lees

учиться

leer

работать

werk

вступать в брак

trou

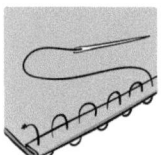

шить

naai

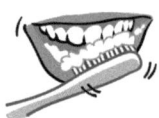

чистить зубы

tande borsel

убивать

doodmaak

курить

rook

отправлять

stuur

бабушка
ouma

дедушка
oupa

папа
pa

мама
ma

младенец
baba

дочь
dogter

сын
seun

гость

gas

тетя

tannie

дядя

oom

брат

broer

сестра

suster

тело

liggaam

лоб
voorkop
глаз
oog
плечо
skouer
палец
vinger
лицо
gesig
подбородок
ken
кисть
hand
грудь
bors
нога
been
рука
arm

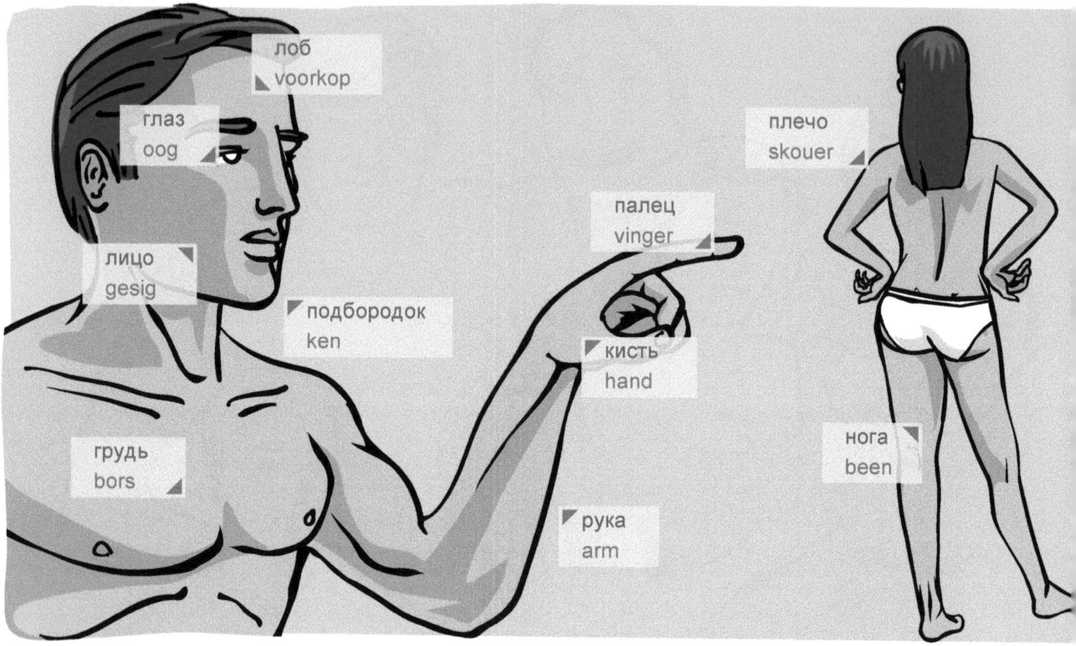

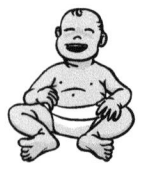

младенец

baba

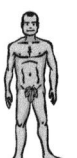

мужчина

man

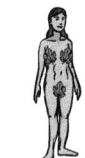

женщина

vrou

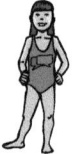

девочка

meisie

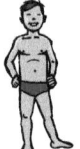

мальчик

seun

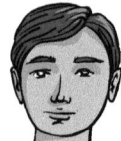

голова

kop

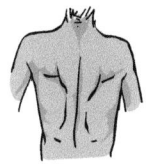

спина

rug

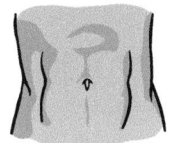

живот

buik

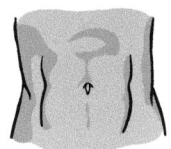

пупок

naelstring

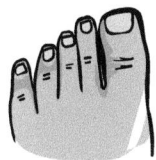

палец ноги

toon

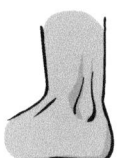

пятка

hak

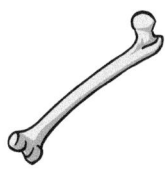

кость

been

бедро

heup

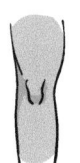

колено

knie

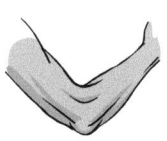

локоть

elmboog

нос

neus

ягодицы

boude

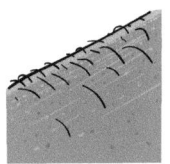

кожа

vel

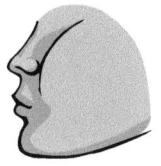

щека

wang

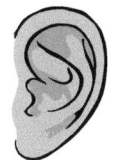

ухо

oor

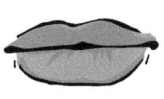

губа

lippe

тело - liggaam

рот

mond

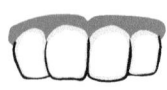

зуб

tand

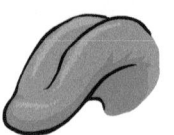

язык

tong

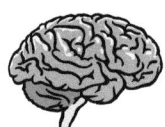

мозг

brein

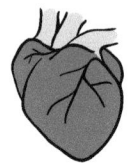

сердце

hart

мышца

spiere

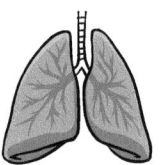

лёгкое

long

печень

lewer

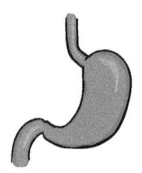

желудок

maag

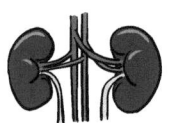

почки

niere

половой акт

seks

презерватив

kondoom

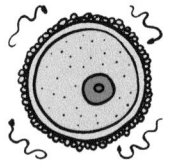

яйцеклетка

eierstok

сперма

semen

беременность

swangerskap

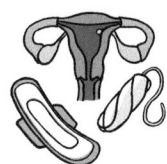

менструация

....

menstruasie

вагина

....

vagina

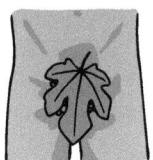

пенис

....

penis

бровь

....

wenkbrou

волосы

....

hare

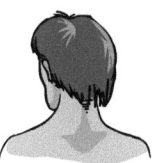

шея

....

nek

больница
hospitaal

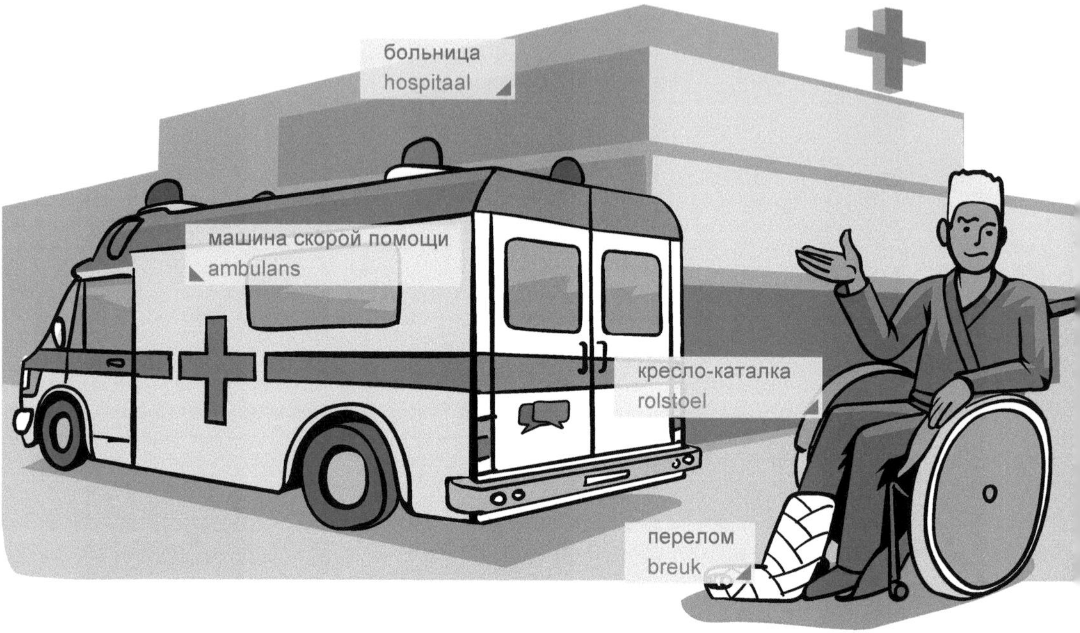

больница
hospitaal
машина скорой помощи
ambulans
кресло-каталка
rolstoel
перелом
breuk

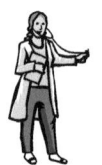

врач

dokter

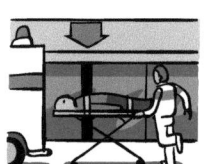

пункт первой помощи

ongevalle

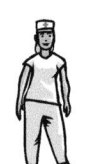

медсестра

verpleegster

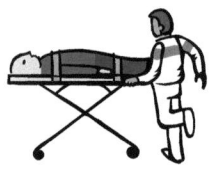

неотложный случай

noodgeval

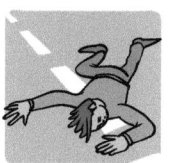

без сознания

bewusteloos

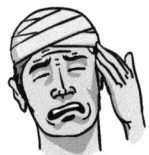

боль

pyn

повреждение

besering

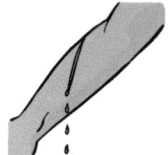

кровотечение

bloeding

инфаркт

hartaanval

инсульт

beroerte

аллергия

allergie

кашель

hoes

повышенная температура

koors

грипп

griep

понос

diarree

головная боль

hoofpyn

рак

kanker

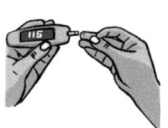

диабет

diabetes

хирург

chirurg

скальпель

skalpel

операция

operasie

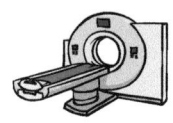

КТ

CT

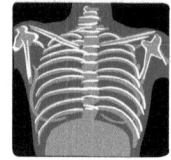

рентген

X-straal

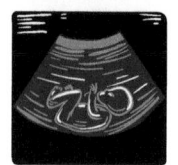

ультразвук

ultraklank

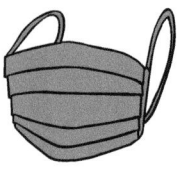

маска

gesigmasker

болезнь

siekte

приёмная

wagkamer

костыль

kruk

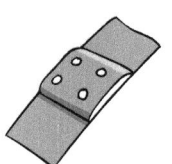

пластырь

gips

бинт

verband

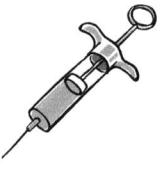

укол

inspuiting

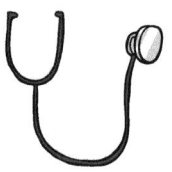

стетоскоп

stetoskoop

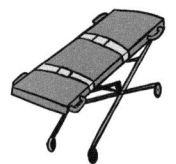

носилки

draagbaar

термометр

kliniese termometer

рождение

geboorte

избыточный вес

oorgewig

слуховой аппарат

gehoorapparaat

дезинфекционное средство
ontsmettingsmiddel

инфекция

infeksie

вирус

virus

ВИЧ / СПИД

MIV / vigs

лекарство

medisyne

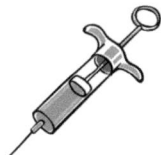

прививка

inenting

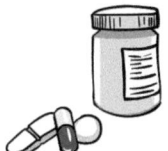

таблетки

tablette

противозачаточная таблетка

pil

экстренный вызов

noodoproep

прибор для измерения кровяного давления

blooddrukmonitor

больной / здоровый

siek / gesond

Помогите!
....
Help!

сигнал тревоги
....
alarm

нападение
....
aanranding

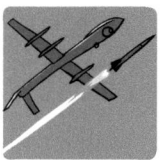

атака
....
aanval

опасность
....
gevaar

запасной выход
....
nooduitgang

Пожар!
....
Brand!

огнетушитель
....
brandblusser

несчастный случай
....
ongeluk

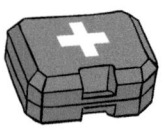

аптечка
....
noodhulpkissie

SOS
....
SOS

милиция
....
polisie

Европа

Europa

Северная Америка

Noord-Amerika

Южная Америка

Suid-Amerika

Африка

Afrika

Азия

Asië

Австралия

Australië

Атлантический океан

Atlantiese Oseaan

Тихий океан

Stille Oseaan

Индийский океан

Indiese Oseaan

Антарктический океан

Antarktiese Oseaan

Северный Ледовитый океан

Arktiese Oseaan

Северный полюс

Noordpool

Южный полюс

Suidpool

Антарктика

Antarktika

земля

aarde

суша

land

море

see

остров

eiland

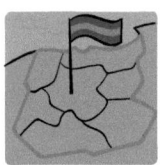

нация

nasie

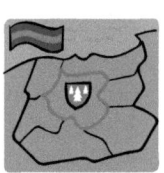

государство

staat

циферблат

horlosie

часовая стрелка

uur-aanwyser

минутная стрелка

minuut-aanwyser

секундная стрелка

sekonde-aanwyser

Который час?

Hoe laat is dit?

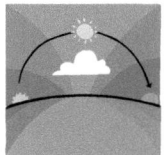

день

dag

время

tyd

сейчас

nou

электронные часы

digitale horlosie

минута

minuut

час

uur

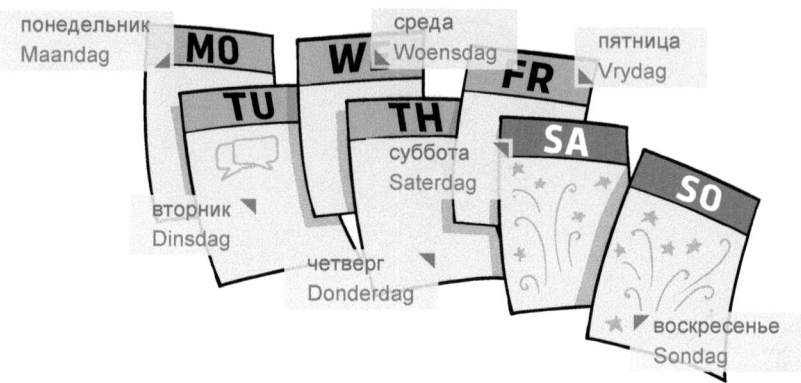

понедельник
Maandag

среда
Woensdag

пятница
Vrydag

вторник
Dinsdag

четверг
Donderdag

суббота
Saterdag

воскресенье
Sondag

вчера

gister

сегодня

vandag

завтра

môre

утро

oggend

полдень

middag

вечер

aand

рабочие дни

werksdae

выходные

naweek

год

jaar

дождь
reën
радуга
reënboog
ветер
wind
снег
sneeu
весна
lente
осень
Herfs
лето
somer
зима
winter

4.APRIL 11°
5.APRIL 4°
6.APRIL 13°
7.APRIL 8°
8.APRIL 10°

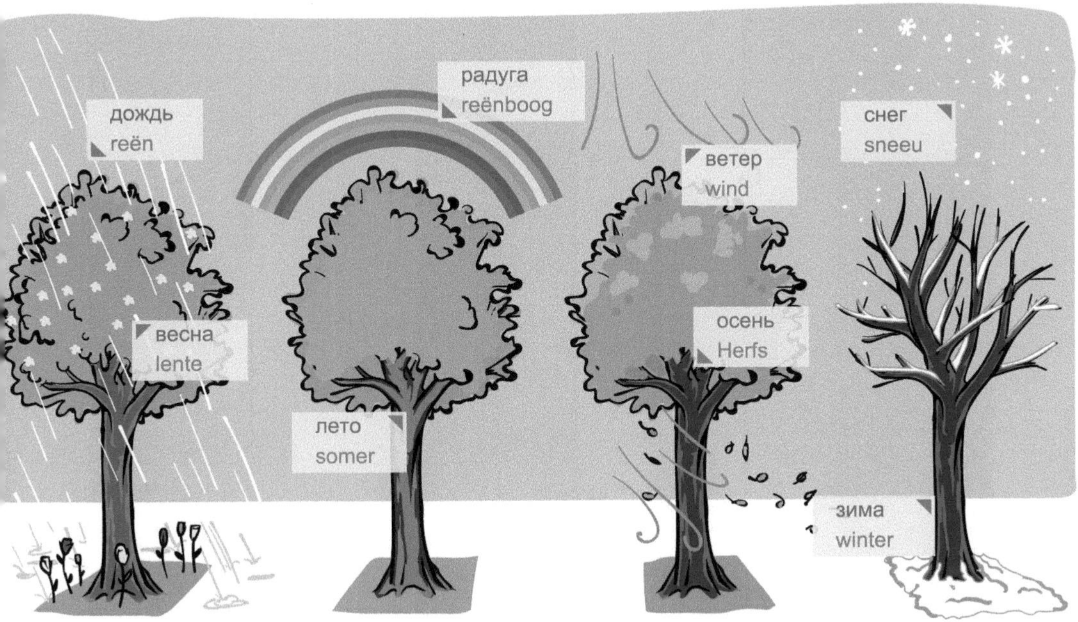

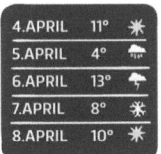

прогноз погоды

weervoorspelling

F C
120 40
90 30
60 20
30 10
0 0
-30 -10
-20

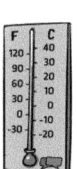

термометр

termometer

солнечный свет

sonskyn

туча

wolk

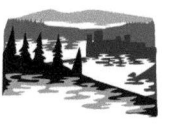

туман

mis

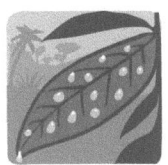

влажность воздуха

humiditeit

молния

weerlig

гром

donderweer

буря

storm

град

hael

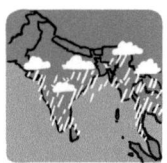

муссон

reënseisoen

наводнение

vloed

лёд

ys

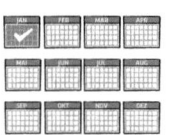

январь

Januarie

февраль

Februarie

март

Maart

апрель

April

май

Mei

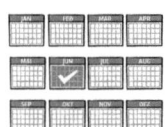

июнь

Junie

июль

Julie

август

Augustus

год - jaar

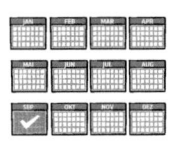

сентябрь

September

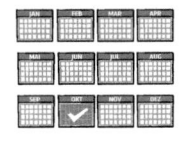

октябрь

Oktober

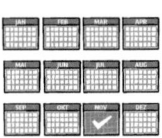

ноябрь

November

декабрь

Desember

формы

vorms

круг

sirkel

квадрат

vierkant

прямоугольник

reghoek

треугольник

driehoek

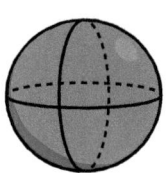

шар

gebied

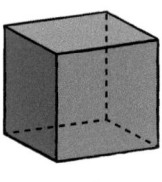

куб

kubus

белый

wit

желтый

geel

оранжевый

oranje

розовый

pink

красный

rooi

лиловый

pers

синий

blou

зелёный

groen

коричневый

bruin

серый

grys

черный

swart

много / мало

'n baie / 'n bietjie

яростный / мирный

kwaad / kalm

красивый / уродливый

pragtig / lelik

начало / конец

begin / einde

большой / маленький

groot / klein

светлый / темный

helder / donker

брат / сестра

broer / suster

чистый / грязный

skoon / vuil

полный / неполный

volledige / onvolledige

день / ночь

dag / nag

мёртвый / живой

dood / lewendig

широкий / узкий

wyd / smal

съедобный / несъедобный

eetbare / oneetbaar

злой / дружелюбный

kwaad / vriendelik

взволнованный /
скучающий
opgewonde / verveeld

толстый / худой

vet / maer

сначала / в конце

eerste / laaste

друг / враг

vriend / vyand

полный / пустой

vol / leeg

твёрдый / мягкий

hard / sag

тяжёлый / легкий

swaar / lig

голод / жажда

honger / dors

больной / здоровый

siek / gesond

незаконный / законный

onwettige / wettige

умный / глупый

slim / dom

слева / справа

links / regs

близко / далеко

naby / vêr

новый / подержанный

nuut / tweedehands

ничто / нечто

niks / iets

старый / молодой

oud / jonk

включено / выключено

aan / af

открыто / закрыто

oop / toe

тихо / громко

stil / lawaaierig

богатый / бедный

ryk / arm

правильный / неправильный

reg / verkeerd

шероховатый / гладкий

grof / glad

печальный / счастливый

hartseer / gelukkig

короткий / длинный

kort / lank

медленный / быстрый

stadig / vinnig

мокрый / сухой

nat / droog

тёплый / прохладный

warm / koel

война / мир

oorlog / vrede

0

ноль

nul

1

один

een

2

два

twee

3

три

drie

4

четыре

vier

5

пять

vyf

6

шесть

ses

7

семь

sewe

8

восемь

agt

9

девять

nege

10

десять

tien

11

одиннадцать

elf

12

двенадцать

twaalf

13

тринадцать

dertien

14

четырнадцать

veertien

15

пятнадцать

vyftien

16

шестнадцать

sestien

17

семнадцать

sewentien

18

восемнадцать

agtien

19

девятнадцать

negentien

20

двадцать

twintig

100

сто

honderd

1.000

тысяча

duisend

1.000.000

миллион

miljoen

английский

Engels

американский английский

Amerikaanse Engels

мандаринский китайский

Mandaryns

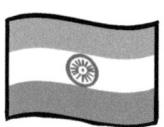

хинди

Hindi

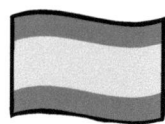

испанский

Spaans

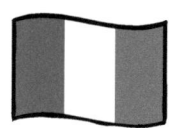

французский

Frans

арабский

Arabies

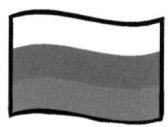

русский

Russies

португальский

Portugees

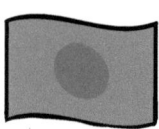

бенгальский

Bengaals

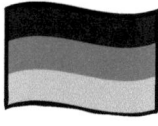

немецкий

Duits

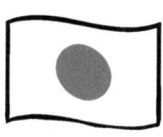

японский

Japanees

я
Ek

ты
jy

он / она / оно
hy / sy / dit

мы
ons

вы
julle

они
hulle

кто?
wie?

что?
wat?

как?
hoe?

где?
waar?

когда?
wanneer?

HELLO, I AM

имя
naam

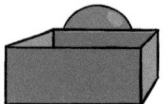

за

agter

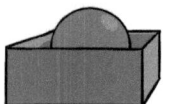

в

in

перед

voor

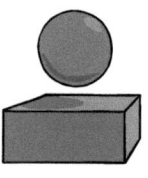

над

oor

на

bo-op

под

onder

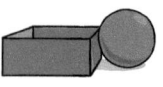

рядом

langs

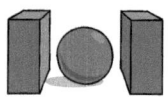

между

tussen

место

plek